भारत के नौनिहाल

(बाल प्रेरक काव्य-संग्रह)

मधुश्री के. (मधु श्रीवास्तव)

समर्पण

प्रातः कालीन स्मरणीय मेरे परम पूज्य बाबूजी
माताजी को एवं मेरे आत्मीय परिवार जन जो मेरी
साहित्य साधना की यात्रा में मेरे प्रेरणा स्रोत बन कर
सहभागी बनें उनको सादर समर्पित.......

क्रम-सूची

क्रम-सूची

क्रम-सूची

प्रस्तावना

यह काव्य-संग्रह पुस्तक बाल सुलभ मन को चिर शांति पहुँचाने वाला है। सुप्रसिद्ध गायिका एवं कवयित्री मधुश्री के. ने अतीव मंजुल शब्दों मे इसका सृजन की हैं। आसान शब्दों मे निरंतर सृजन करना कवयित्री की आदतों में शुमार है। बालसुलभ इस काव्य पुस्तक से बच्चे और युवा काफी लाभान्वित होंगे।

बच्चों के मन को असीम शांति पहुँचाने वाली कविताएं इसमें भरी पड़ी हैं। मुझे आशा है कि बच्चे और युवा इससे लाभ उठाएंगे।

~ गंवरु प्रमोद (प्रमोद कुमार)

साहित्यकार (उपन्यासकार, समीक्षक, निबंधकार, कवि)

पटना (बिहार) भारत - 800023

05.01.2023

आमुख

आत्म कथ्य

यह अटल सत्य है कि साहित्य समाज का दर्पण होता है। हम इस समाज के अभिन्न अंग हैं तो यह कहना कतई अनुचित न होगा कि साहित्य हमारा व्यष्टि रूप का दर्पण है या हम यों कहें कि यह हमारे समष्टिगत व्यक्तित्व का प्रतिबिंब है।

मेरी साहित्य-यात्रा मेरी संगीत-साधना के समानांतर चलती रही जहाँ कई पड़ाव आए। उनमें अवरोध भी थे लेकिन संवेदनाओं का अतिरेक सारे अवरोधों को बहा कर सदैव ले जाता रहा।

जीवन की पृष्ठभूमि पर अनुभव रूपी बीजों का अंकुरण कभी छायादार वृक्ष की भांति शीतलता एवं आनंद प्रदान करता है तो कभी रूखी कंटीली झाड़ियों के झुंड-सा अकथ्य पीड़ा देता है। यही पीड़ा और आनंद संवेदनशील व्यक्ति के लिए सृजन का कारक बन जाते हैं और फिर युगांतरकारी कविता का जन्म होता है।

साहित्य-यात्रा के आदि से आज तक के काल खंड में भिन्न-भिन्न रूप, रस, गंध से सुसज्जित शब्द पुहुपों को मैंने अपनी कविता रूपी माला में पिरोया है। सृजन के इस सुख को स्वीकार भी किया है और अंगीकार भी किया है।

भक्ति रचनाओं के सृजन के अतिरिक्त हमारे देश के जो भावी निर्माता हैं हमारे बच्चे , उनके भीतर देश तथा मानवीय मूल्यों के प्रति निष्ठा के संस्कार को जाग्रत करने के लिए 'भारत के नौनिहाल' पुस्तक का सृजन आप सभी काव्यानुरागियों के लिए प्रस्तुत है।

मधुश्री के.
पुणे, महाराष्ट्र

सरस्वती वंदना

हंस वाहिनी है माता कर में वीणा धारति।

शब्द ब्रह्माणी तू मैया मैं अकिंचन आरति।

दृष्टि करदे ज्ञानमय विद्या की सुरसरिता बहे।

स्वीकार कर वंदन चरण माँ वाग्देवी भारति।

**

1

01 // मोटू का दर्द //

गोलू भैया जल्दी आओ
पेट दर्द की दवा बताओ।
गोलू बोला क्या खाया था
कुछ तो ग़लत तुम्हें भाया था।
मोटू बोला बड़के भैया
पीज़ा कल मैंने खाया था।
जाओ कोई वैद बुलाओ
मोटू जी का दर्द भगाओ।
पीज़ा पास्ता क्यों नित खाते
नित खाकर भी नहीं अघाते।
अपने मोटापे को देखो
क्यों खुद को पीड़ा पहुँचाते।
लोभी मन को तुम समझाओ
दाल भात भाजी तुम खाओ।

**

2

मन ही मन धरती हरषाई
रंग रंगीली होली आई।
इंद्रधनुषी है नभ का आँचल
सतरंगों से भरे हैं बादल।
भर पिचकारी मुन्नी लाई
रंग रंगीली होली आई ।
आओ भैया तुम भी खेलो
लाल अबीर मेरा तुम लेलो।
काला रंग ना छूना भाई
रंग रंगीली होली आई।
माँ ने हैं पकवान बनाए
मित्रों को न्योता दे आएं।
गुब्बारे मत भरना भाई
रंग रंगीली होली आई।
कल तुमने मारा गुब्बारा
सूज गया मेरा मुँह सारा ।
दया तुम्हैं तनिक ना आई
रंग रंगीली होली आई ।
रंगों का उत्सव है होली

मधुश्री के. (मधु श्रीवास्तव)

सुनो मेरी बच्चों की टोली।
प्रेम भाव से खेलो भाई
रंग रंगीली होली आई ।

**

मधुश्री के. (मधु श्रीवास्तव)

सुनो मेरी बच्चों की टोली।
प्रेम भाव से खेलो भाई
रंग रंगीली होली आई ।

**

3

// चूहों की सभा //

चूहों के राजा ने इक दिन सभा बुलाई
सब चूहों को हाजिर होना होगा भाई ।
बिल्ली मौसी की आहट हम सुन ना पाते
इसीलिए हम बारम्बार प्राण गवांते ।
सावधान रहना होगा कान खड़े कर भाई।
चूहों के राजा ने इक दिन सभा बुलाई ।
नहीं साथ छूटे आपस में इक दूजे का
भरापूरा परिवार संयुक्त हो हम सबका।
एकता की शक्ति कभी ना भूलो भाई।
चूहों के राजा ने इक दिन सभा बुलाई ।

**

4

04 // मदारी //

डुग डुगी लेकर कौन आया
ये तो वही मदारी आया।
बंदर बंदरिया को लेकर
नाच दिखाने घर में आया।
मिंटू ,चिंटू ,मुन्ना आओ
छोटी बहना को भी लाओ।
पैसे लाना नहीं भूलना
यदि तुम्हें है नाच देखना।
देखो कैसा रौब जमाता
बंदरिया को खूब नचाता।
वो भी नहीं दीखती कुछ कम
मुँह फुलाये बैठी हुई जम।
लेने आया बाँका छोरा
छोरी ने उससे मुँह मोड़ा।
नाक रगड़ता देखो कैसे
बंदरिया रानी हो जैसे।
मान गयी बंदरिया रानी
जा ससुराल भरेगी पानी।
खतम होगया खेला देखो

पैसे जो लाये हो देदो।
खेल दिखाने में लगता श्रम
मन का रंजन दुख करता कम ।
**

पैसे जो लाये हो देदो।
खेल दिखाने में लगता श्रम
मन का रंजन दुख करता कम ।
**

5

05 // लोमड़ी और कौआ //

चोंच में रोटी लिए कौआ डाल पर बैठा था
रोटी का एक टुकड़ा वो चुराके लाया था।
लोमड़ी एक वहां आई जो कि भूखी थी,
डाल पर बैठे कौवे की वह रोटी चाहती थी।
बोली मित्र तुम बहुत ही मीठा गाते हो।
कोयल से भी मीठी तान गुनगुनाते हो।
कौआ ये सुन अपनी छाती चौड़ी कर बोला।
मेरा गाना सुनने को तो सबका मन डोला।
लोमड़ी की चालाकीमूर्ख कोसमझनहींपड़ी।
जैसे मुंह खोला तो रोटी नीचे गिर पड़ी।
रोटी नीचे गिरते ही लोमड़ी ने उठाली।
मूर्ख ने पैरों पर अपने कुल्हाड़ी मार ली
बच्चों सीख है कि झूठा गर्व नहीं करना।
झूठी प्रशंसा जो करे न सच्चामित्रसमझना।

**

6

06 // गौरैया //

सोच में बैठी है गौरैय्या।
कैसे जग से पड़ गया पाला ।
खड़ी हैं पत्थर की दीवारें ।
सीना ताने खड़ी मीनारें ।
छत की धन्नी नहीं दीखती।
नही झरोखा न कोई आला ।
कहीं ना मिलता दाना पानी ।
दिखे ना कोई जग में दानी।
पेड़ों को जागीर समझ कर।
तुमने छीना मेरा निवाला ।
कहाँ मैं बैठूं राह बताओ।
मेरी फुलवारी को बचाओ।
मानुष महाबलियों के राजा।
दिया क्यों हमको देश निकाला ।
सोच में बैठी है गौरैय्या।
कैसे जग से पड़ गया पाला ।

******

7

07 // लोरी //

सोजा मेरी राजदुलारी
तेरी मां तुझ पर बलिहारी
चंदा सोया तारे सोए
रात कुँवरि सोई उजियारी।
निंदिया मौसी बाट जोहती
सपनों की पोटली खोलती
कब आएगी बिटिया रानी
छम छम डोलेगी निंदियारी।
दूध कटोरी चांदी वाली
खीर भरी सोने की थाली
लड्डू पेड़ों की झालर ले
बैठी पलकों की गलियारी।
रात कि रानी सेज सजाती
तेरी पलकों को महकाती
नटखट आंख मिचौली करती
क्यों तेरी अँखियाँ कजरारी।

**

8

अति निर्धन इक लकड़हारा था
बदकिस्मती का मारा था।
सुखी जीवन यापन के लिए
दो जून रोटी पाने के लिए।
जंगल में काटता था लकड़ी
जीने का हौसला मन में लिए।
एक दिन मुसीबत आन पड़ी
कुल्हाड़ी नदी में गिर पड़ी।
मायूस हो कर वो रोने लगा
रोज़ी रोटी की चिंता बढ़ी।
तभी प्रगट हुए पानी के देव
कहते जिनको है वरुण देव।
सोने की कुल्हाड़ी लाकर दी
बोला ये मेरी नहीं पूज्य देव ।
चांदी की कुल्हाड़ी दिखलाई
बुद्धि गरीब की चकराई ।
नहीं देव मेरी तो ये भी नहीं
मेरी लोहे की थी न नज़र आई ।
सुन वरुण देव प्रसन्न हुए

मारी डुबकी पानी में गए ।
लोहे की कुल्हाड़ी देख गरीब
बोला हम बहुत कृतज्ञ हुए ।
खुश हुए देव सच्चाई पर
बोले मांगो मनचाहा वर।
बोला कुल्हाड़ी रोज़ी मेरी
मैं धन्य हुआ इसको पाकर।
सोने ,चांदी और लोहे की
तीनों उपहार में उसको दी।
उसके ईमान पर खुश हो कर
प्रभु धन के साथ आशीष भी दी।
एक मित्र पड़ोस में रहता था
वो भी एक लकड़हारा था ।
गरीब की किस्मत जगी देख
ईर्ष्या की जलन ने मारा था ।
तरकीब मुझे भी समझाओ
क्या भेद मुझे भी बतलाओ।
ये धन तुमने कैसे पाया
वो मार्ग मुझे भी दिखलाओ।
लकड़हारे ने सच बात कही
मेरी कोई तरकीब नहीं।
ये ऊपर वाला ही जाने
जिसने गरीब की विपत हरी ।
था लोभी कुल्हाड़ी ली उसने
जान बूझ गिराई पानी में ।
घड़ियाली आंसू रोने लगा
देव की प्रतीक्षा लगा करने।
देव प्रगट हुए कुल्हाड़ी ले
सोने की कुल्हाड़ी रत्न जड़ैं।
चिल्लाया वो है यही मेरी

लेने को हाथ थे आगे बढ़े ।
हुए देव कुपित उससे बोले
हो नहीं तुम तो इतने भोले।
तुम छली मिथ्यावादी हो
लालच में अंधे तुम डोले ।
ये कहके देव प्रस्थान किया
लालची व्यक्ति को सबक दिया।
लालच में मैंने सब खोया
वो मूर्ख पकड़ सिर बैठ गया।
बच्चों ये सीख मिली हमको
लालच से है बचना सबको।
अपनी सूखी रोटी खाकर
संतोष का जल पीना हमको।
**

9

09 // बादल //

मेरे प्रश्न का उत्तर दो माँ
बादल किस घर में रहता है ।
बिजली क्यों आकाश में रहती
कड़क गरजके मुझे डराती।
बादल से जो वर्षा होती
कौन कुंआ पानी भरता है ।
माँ बोली मेरे प्यारे मुन्ना
बात मेरी तुम ध्यान से सुनना।
हर बादल का कुंआ है सागर
उससे उसको जल मिलता है ।
सूरज मामा बहुत हैं दानी
हवा भी करती कारस्तानी।
सूरज की गर्मी से पानी
भाप बन कर ऊपर उठता है ।
पानी का ये चक्र है चलता
कभी ऊपर कभी नीचे रहता।
पानी है अनमोल सृष्टि में
जल से जग जीवन चलता है ।
तेरे प्रश्न का उत्तर है ये

बादल किस घर में रहता है। ।

**

बादल किस घर में रहता है। ।

**

10

10 // बापू के बन्दर //

बापू के प्रिय तीन हैं बंदर
मार्ग दिखा कर बने कलंदर।
कहते कभी असत्य न बोलो
कानों में सच का रस घोलो।
जुल्म देख कर चुप ना बैठो
आगे बढ़ कर बनो सिकंदर ।
निंदा की कहीं बात चले जब
बंद कान करो तुम जब तब।
निंदा से बड़ा पाप न होता
सीख दे गए बापू सुन्दर ।
**

11

11 // आदर //

टीचर जी ने पाठ पढ़ाया ।
होता क्या आदर समझाया ।
मात पिता, गुरुजन जीवन में
कड़ी धूप में छाया जैसे
उनके अनुशासित सीखों से
हमने जीवन सफल बनाया ।
मान और सम्मान लिए जब
वंदन चरण करें गुरुजन के
शुभाशीष का हाथ हमारे
मस्तक पर जब तब सहराया ।
बड़े हमें जो शिक्षा देते
होते सूत्र सफलता के वो
सख्त हृदय की वाणी से ही
उज्जवल भविष्य हमने पाया ।

**

12

12 // गिल्लो //

एक गिलहरी देखो पेड़ पर दौड़ लगाती ।
क्या नीचे लाती है क्या ऊपर लेजाती।
भाव विभोर हुई डाल सूखी भी देखो।
मित्र भाव गिल्लो का देख देख हरियाती।
एक दाना ऊपर ले जाकर बैठके खाती।
कुछ दाना ला कर बच्चों को चुगवाती।
थकती नहीं परिश्रम से दिन रात कभी वो
खेल खेल में जीना बच्चों को सिखलाती।
तुम भी बच्चों श्रम करने से मत घबराना
प्रकृति भी देखो श्रम का मूल्य हमें समझाती।

**

13

13 // चिड़िया रानी //

चिड़िया रानी चिड़िया रानी।
कैसे तुम लाओगी पानी।
बादल मामा रूठ गया है।
छोड़ हमें परदेस गया है।
पुरवा मौसी को कहलादो।
रूठे बादल को पहुँचादो।
ताल तलैया सूख गए हैं।
सूखी नदी कुएं का पानी।
चिड़िया रानी चिड़िया रानी।
कैसे तुम लाओगी पानी।
छोटे बच्चे चिड़ी चिड़ैया।
बाट देखते अपनी मैया।
चोंच उठाये नभ को ताके।
बार बार खिड़की से झांके।
कब लाएगी मैया अपनी।
भरी चोंच में दाना पानी।
चिड़िया रानी चिड़िया रानी।
कैसे तुम लाओगी पानी।

**

मधुश्री के. (मधु श्रीवास्तव)

14

14 // आओ झूला झूलें //

आओ सखियों झूला झूलें
बौर आम के उपवन फूले।
रेशम डोरी चंदन पाटी
सोंधी सोंधी महकी माटी।
पैंग भरें आकाश को छूले।
आओ सखियों झूला झूलें ।
वर्षा मौसी नैहर आई
धरती माँ मन में हर्षाई ।
फूल शूल डालें गलबहियाँ
बैर भाव आपस का भूलें ।
आओ सखियों झूला झूलें।

**

15

15 // पवन हिंडोला //

पवन हिंडोला बैठा बादल
देखो पैंग बढ़ाता कैसे।
रिमझिम का संगीत सुना कर
नर्तन करती बरखा जैसे ।
एक हुए आकाश धरा जब
जल थल का संगम हो जैसे ।
प्रकृति ने आल्हादित हो कर
पुष्प खिलाए उत्सव जैसे।
मेरा मन कहता बादल बन
उड़ जाऊं आकाश में कैसे ।

**

16

रावण रावण सब करते हैं
किसने देखा रावण को ।
झांक रहे हैं अगल बगल
नहीं झांक रहे अंतर्मन को।
हर दृष्टि हो अब राममयी
स्वयं दृष्टि राम बन जाना होगा।
राम तुम्हे फिर आना होगा।
रावण पर उंगली रख कर
हर कोई राम नहीं बन जाता।
इंद्रजयी पुरुषोत्तम बन कर
वन को कोई नहीं है जाता।
त्याग धर्म का मूल तत्व
जग को आकर समझाना होगा ।
राम तुम्हें फिर आना होगा ।
जीत सत्य की हुई असत पर
हर युग में देखा हमने ।
कलियुग के अंधे युग में
आँखें पट्टी बाँधी सबने ।
अंधकार की दसों दिशा में

मधुश्री के. (मधु श्रीवास्तव)

सूरज राम उगाना होगा ।
राम तुम्हें फिर आना होगा ।
परादोष सब करते दर्शन
स्वयं का दोष नहीं दिखता ।
स्वयं को राम समझ सब बैठे
और सबमे रावण दिखता ।
धर्म तुला का भार संतुलित
रामहि भार उठाना होगा ।
राम तुम्हे फिर आना होगा।

**

17

गिर कर उठते हुए चरण से ,
जिस दिन तूने चलना सीखा ।
तभी विधाता ने रच दी थी ,
तेरे जीवन पथ की रेखा ।
उपवन हो या मरु उपवन ,
जब तिमिर का घन हो सघन।
संकल्प का दीपक जला ,
अपनी हथैली पर सजा ।
इस व्यशटी से समष्टि तक,
तू अंश है इस ब्रह्म का।
नीचे घरा ऊपर गगन,
या क्षितिज हो ब्रह्माण्ड का।
हर कर्म तेरे आत्मबल के
बिम्ब का प्रतिबिंब हो
निज सफलता की निर्झरी
इस जगत में अविरल बहा।

**

18

नौनिहाल हम भारत के

हम नौनिहाल हैं भारत के,
नव भारत निर्माण करेंगे।
कर्मभूमि के कुरूक्षेत्र में ,
सँकल्प शुभि संधान करेंगे।
ध्वजा तिरंगी के अभिमानी,
मातृभूमि के रखवाले हम ।
अमिय सरोवर देशभक्ति का,
अवगाहन पय पान करेंगे।
बापू की धरती का गौरव ,
शिवा भगत सिंह का अभिमान।
भारत माता की रक्षा कर
धर्मतुला पर भाल धरेंगे।
हम नौनिहाल हैं भारत के ,
नवभारत निर्माण करेंगे।

**

19

उँगली नहीं पकड़ना मेरी
पार्थ तुम्हे स्वयं चलना होगा।
पाप मोह के अंधकूप से
तुमको स्वयं निकलना होगा।
पार्थ तुम्हैं स्वयं चलना होगा।
बाधाओं की शिला तोड़ कर
वायु का रुख नया मोड़ कर।
कर्मवीर की भाँति तुम्हैं भी
जीवन रण में लड़ना होगा।
पार्थ तुम्हैं स्वयं चलना होगा।
अधिकारों की प्रत्यंचा पर
कर्तव्यबोध का बाण चढ़ा कर।
अनुचित और उचित कर्म धन
धर्मतुला पर रखना होगा।
पार्थ तुम्हैं स्वयं चलना होगा।

20

हे जल वाहक आजाओ।
अंबर से बरसे चिंगारी
धानी धरती पिघली सारी।
हे बादल मन मीत हमारे
तपती अगन बुझा जाओ।
हे जल वाहक आजाओ।
कुएं बांवडी टुक टुक ताकें
जलकुइयाँ भी बगलें झांके।
मेघ मल्हार कजरी के गुन
कुछ तो रस बरसा जाओ ।
हे जल वाहक आजाओ।
सूखी नदियाँ कूल किनारे
बंधक बने अगनि के द्वारे
जल के प्रणय समुंदर में तुम
सुधा नेह बरसा जाओ।
हे जल वाहक आजाओ।

21

कहने को है रेशम की लड़ी ,
लेकिन होती पवित्र बड़ी ।
प्रतिष्ठित दृढ़ संकल्पित है,,
भगिनी की रक्षा हेतु खड़ी ।
इस राखी के गौरव न्यारे,
बने चाकर हरि बलि के द्वारे।
मां लक्ष्मी के इक धागे पर,,
बलि ने मां पर हरि को वारे।
शिशुपाल हरि अपमान किया,
प्रभु शीश चक्र से काट दिया।
कनिका प्रभु की घायल रक्तिम,
देवन ने हाहाकार किया ।
द्रौपदी से यह देखा न गया,
पट्टी करि आँचल फाड़ दिया।
प्रभु रक्षा का संकल्प किये ,
उपहार में चीर विस्तार दिया।
ये श्रावण पूर्णिमा की घटना,
रक्षोत्सव का प्रारम्भ बना ।
हर वर्ष स्नेह की ज्योति लिए,

मधुश्री के. (मधु श्रीवास्तव)

बहन भाई का त्यौहार मना ।

**

22

मूढ़ पकड़ कर
बैठी है इक
कोने में
बूढ़ी दादी ।
जब जब घर की
सांकल बजती
रेल पेल बच्चों
की मचती ।
उड़की खिड़की
के दरवाजे
उचक उचक
झांके दादी।
गीली लकड़ी
जैसी सुलगी
भूख बरोसी में
जा दुबकी।
हलवा पूरी
के सपनों को
खुली आंख

मधुश्री के. (मधु श्रीवास्तव)

देखे दादी।
सिमट गई घर
बारी दुनिया
कथरी में गुनती
दिन गुनिया ।
आँखे ढरके
चोरी चोरी
सुलट गए
सुख दिन दादी ।
**

23

है भारत की भूमि धन्य
हम हैं जिसके उत्तराधिकारी
उपहार मिला गणतंत्र राष्ट्र
हम करते नमन हैं आभारी
अठारह सौ सत्तावन की
क्रांति का रंग खूब चढ़ा
मंगल पांडे,कुंवर सिंह
नाना,तात्या का जोश बढ़ा
संगीनों के साए में
उत्सर्ग हुई उमर सारी ।
है भारत की.......
राजगुरु,सुखदेव ,भगतसिंह
राष्ट्र भक्त दीवाने थे
भारत मां के थे सपूत
आजादी के मस्ताने थे
हुए शहीद वतन की खातिर
अमर हुए क्रांतिकारी ।
है भारत की......
गोकुल का था मनमोहन

मधुश्री के. (मधु श्रीवास्तव)

इक राजकोट का मोहन था
त्याग था जीवन का दर्शन
और चरखा चक्र सुदर्शन था
प्रेम का इक संदेश लिए
जग में उतरा ये अवतारी।
है भारत की......
वीर सपूत था राजकोट का
त्याग दिया जीवन खुशहाल
हवनकुंड था आजादी का
हाथ अहिंसा की मशाल
वैरागी सन्यासी ने
जीती तप से दुनिया सारी
है भारत की भूमि धन्य
हम हैं जिसके उत्तराधिकारी।

24

मैं बेटी इक परी कहाऊँ
बिना पाँख के मैं उड़ जाऊं
आसमान धरती पर लांदूँ
धरती को आकाश बनादूँ।
तुम्हे चाँद की सैर कराऊँ।
सपनीली मिट्टी हरियाती
नित नित अद्भुत पुष्प खिलाती
जीवन के सबरंग हैं अपने
इंद्रधनुषी सतरंगी सपने।
जीवन अँगना में उतराऊँ।
बचपन की कच्ची माटी मैं
गीत प्रेम रस के गाती मैं
मत उलझाओ बंध, द्वंद में
ज्यूँ पतंग की डोर संग बंधी
अम्बर में खुल कर लहराऊँ।
पाँख मेरे सुनहरे पीले
नयन श्याम बादल से नीले
नेह सरस कविता जैसी मैं
परियों की रानी जैसी मैं

मधुश्री के. (मधु श्रीवास्तव)

चूनर दिग दिगंत फहराऊँ।

मधुश्री के. (मधु श्रीवास्तव)

चूनर दिग दिगंत फहराऊँ।

25

लाल पिटारी कोटर जैसे
आज सोच में डूबी ऐसे।
नही बात अब कोई दीगर
कितने राज़ छुपे थे भीतर
कुछ हँसने के कुछ रोने के
संदेसे दिल में बसते थे।
छूट गए सब संगी साथी
रूठ गया कोई प्रिय जैसे।
चाल समय की ऐसी बदली
जीना मरना हँसना रोना
शादी ब्याह विदाई मुंडन
लगन सगाई कारज टोना।
क़ैदी थे आज़ाद हुए सब
उड़े हवा में पंछी जैसे।

**

26

जग मगी आकाशगंगा
धरती पर आज बह रही।
तारिकायें दीप बन
अद्भुत कहानी कह रही।
द्वार पर तोरण सजी
अट्टालिका पर दीपमाला।
रात अमावस की है
बारात पूनम की सज रही।
दीप का उत्सव मिला
उपहार में निसर्ग से ।
खुशियों का संदेश दे
आलोक से है भर रही।

**

27

// माँ //

रोज़ फोन पर दो ही बातें
मुझसे पूछा करती माँ।
अब तक बाहर क्यों हो जल्दी
जाने को घर कहती मां।
खाना टाइम पर खालेना
कछु लापरवाही ना करना।
अब क्या खाया ?
कुछ खाया भी?
बंधे खूंट में सिक्के जैसे
रटे रटाए हैं सवाल कुछ
नित पूछा करती है माँ।
मति विभ्रम की हुई बीमारी
दवा उमर की है लाचारी।
कब खाई थी?
कब खानी है?
सबसे पूछती बारी बारी
लेकिन मुझे हिदायत देना
कभी न भूला करती माँ।
जब जब शीत लहर है आती

मधुश्री के. (मधु श्रीवास्तव)

जेठ लपट जब देह सुखाती।
मफलर पहना?
टोपी पहनी?
ममता की चादर लपेटती
मन्नत कर ऊपर वाले से
शुभाशीष देती है माँ ।

**

मधुश्री के. (मधु श्रीवास्तव)

जेठ लपट जब देह सुखाती।
मफलर पहना?
टोपी पहनी?
ममता की चादर लपेटती

28

// मात पिता की आज्ञा मान //

मात पिता की आज्ञा मान
है कल्याण इसी में जान ।
रोज प्रात को करो प्रणाम
इन चरनन में चारों धाम।
ईश्वर का है इनमें वास
मन में रखना ये विश्वास।
पिता की अनुशासन डोरी
माँ सुनाती मीठी लोरी ।
जीवन में सुख हो अविराम
बन जाते हैं बिगड़े काम ।

**

29

// देश की माटी //

अपने गांव शहर की
मिट्टी का तुम मान करो।
भारत देश अखंड राष्ट्र
इसका तुम सम्मान करो ।
ये देश शिवाजी का है जीजाबाई का।
गिरिधर दीवानी मोहन मीराबाई का।
धर्म क्षेत्र की मर्यादा
गीता का तुम ध्यान करो ।
राजगुरु भगत सिंह इस धरती पर जन्मे थे ।
आज़ादी के मंसूबे सुखदेव के मन में थे ।
वीर शहीदों की बलि पर,
गौरवमय अभिमान करो।
राजकोट में जन्मा इक सन्यासी मोहन था ।
त्याग और सत्य की लाठी का सम्मोहन था ।
सम्मोहन से हार गए
फिरंगी उसका भान करो ।
वीर सपूती कुर्बानी व्यर्थ ना जाने पाए।
भारत माँ का गर्व तिरंगा पूर्ण विश्व में लहराए।
धर्म राष्ट्र हित सर्वोपरि

नवभारत निर्माण करो ।
भारत देश अखंड राष्ट्र
इसका तुम सम्मान करो ।
**

30

भूख,प्यास दिनरात भूल कर
विद्या का रसपान किया।
रास रंग है परछाई
जीवन सत्य का ध्यान किया।
बोझ लादकर कंधों पर वर्षों की यात्राएं तय की ।
उजले कल के स्वप्न लिये ज्ञान सोम प्याला पय पी ।
समय दरोगा छड़ी लिए
ठोकर से सावधान किया।
बून्द बून्द से सागर भरता शब्द ज्ञान का नित नाता ।
द्वादशाक्षर वेद मंत्र गागर में सागर कहलाता ।
व्यर्थ करो मत अविश्वास
अविश्वासों ने व्यवधान किया।
पुस्तक से हो मित्र भाव बन जाती है जीवनसाथी ।
दुख का पल हो कष्टसाध्य बन प्रकाश दीपक बाती ।
ज्ञानहीन पीड़ित रोगों को
सत प्रकाश अनुपान दिया ।
भूख प्यास दिन रात भूल कर
विद्या का रसपान किया ।

**

// गद्दार //

कठघरे में है खड़ा गद्दार देखो
मुठ्ठी भींचे कर रहा प्रतिकार देखो
नफरतों कीआंधी को मत दो हवा
देश का हर एक कोना जल रहा
सुलग रही हर ईंट बन अंगार देखो।
कूटनीति का चलाना तीर होगा
मत्स्य भेदी कौंतेय जो वीर होगा
पाप से धंसती धरा का भार देखो।
भाईचारे की हवि निष्फल हुई है
घर की शुचिता भी कलंकित हुई है
जीत में भी है छुपी वो हार देखो।
होरहे हैं टुकड़े घर खलिहानों के
क्या मिलेगा मां को निर्वस्त्र करके
बस रहा इसमें तेरा संसार देखो।
आंच घर पर आए तो हर कोई जलता
होश गुम हो जाने पर कोई न बचता
धर्म की अंधी दौड़ का ये ज्वार देखो।
कठघरे में खड़ा गद्दार देखो।

32

// शौर्य पुंज //

शौर्यपुञ्ज की दीपशिखा हाथों में ले कर निकल पड़े
राष्ट्र भक्त जवान देश के बांध कफ़न सिर उमड़ पड़े ।
रोक सकेंगी बाधाएं न देशभक्ति के ज्वारों को ।
शिवा शूरवीर तीव्र करे कुंद पड़ी तलवारों को।
शीश दुश्मनों के मातृ को अर्पण करने निकल पड़े।
राष्ट्र भक्त जवान देश के बांध कफ़न सिर उमड़ पड़े ।
कोई लाड़ला है माँ का है भाई प्रिय भगिनी का।
चंद्रतिलक किसी माथ का पूर्ण चंद्र किसी रजनी का
बलिदान के हवन कुंड रिश्ते बलि करनेनिकलपड़े ।
राष्ट्र भक्त जवान देश के बांध कफ़न सिर उमड़ पड़े।
गाथा वीर जवानों की देश काल दोहराएगा ।
इतिहास स्वर्णिम पृष्ठों पर नाम अमर होजाएगा।
ध्वजा त्रिरंगी के वाहक हम हिंदुस्तानी सबल खड़े।
राष्ट्र भक्त जवान देश के बांध कफ़न सिर निकल पड़े ।

**

33

उठो युवाओं हिन्द देश के
नवभारत का निर्माण करो
गौरवमय इतिहास देश का
तुम इस पर अभिमान करो।
टकराएं चट्टानों से जो
लहरें अपने मुँह की खाये
भारत माँ पर आंच न आये
ना भेदी अब लंका ढाए।
फिर इतिहास ना दोहराए
ये गलती इसका ध्यान करो ।
गौरवमय इतिहास-------
शिलालेख पर खुदे हुए हैं
शब्दसार ऋषि मुनियों के
राधाकृष्णन और क़लाम
शिक्षा शास्त्री गुनियो के।
ज्ञानसूत्र का चिंतन कर तुम
सत चरित्र निर्माण करो ।
गौरवमय इतिहास------
हमको आज़ादी की दौलत

मिली नहीं खैरातों में
जीवन धन की कुर्बानी
ना दी जाती सौगातों में।
वीर शहीदों की कुर्बानी
अनमोल बहुत है भान करो।
गौरवमय इतिहास ------
अब दीमक ना खाए देखो
इन बची खुची दीवारों को
नई इबारत लिखनी तुमको
कर खड़ी उच्च मीनारों को।
सत्यमेव जयते का तुम नित
आगे बढ़ कर आह्वान करो ।
गौरवमयइतिहास-------
जन गण मन की गूंज गूंजती
सागर नदियों की धारों में
मिट्टी महके चंदन जैसी
वन पर्वत घाट पठारों में।
तिलक धरोहर अपनी माटी
इस माटी का तुम मान करो।
गौरवमयइतिहास-----

34

बुद्धि का उद्दीपन कर
विवेक की उंगली पकड़
आगे बढ़ना है यदि तुझको
नहीं किसी के आग्रह पर
स्वयं से प्रण कर के बढ़ना होगा
मंजिल तक पहुंचना है तो
दृढ़ निश्चय की डोर पकड़
दृष्टि रहेगी लक्ष्य बिन्दु पर
छूना है आकाश अगर तो
अपने पंखों से उड़ना होगा
जीवन के पथरीले पथ पर
चलना नहीं आंख मूंद कर
ठोकर खाकर गिरता है तो
बढ़े हौसला आगे बढ़ कर
आत्मविश्वास परखना होगा।

**

35

// योग //

योग दिवस की साधना, ना इक दिन का काम।
जीवन भर को साधिए , मिले बदन आराम ।
नित्य अभ्यास योग का , करता पुष्ट शरीर।
योग पतंजलि का करे , रोग नाश गंभीर ।
जीवन की सौगात है , काया रहे निरोग ।
शाकाहारी सम्पदा , करे संतुलित भोग।

**

36

युग पुरुष (विवेकानंद)

हिन्द के आकाश में एक सूर्य का उदय हुआ ।
विश्व इतिहास में भारत का हस्ताक्षर हुआ।
कर रहा आह्वान जागो सकल विश्व को जगाओ।
जन्म अपना सफल कर जीना निर्बल को सिखाओ।
तुम वतन के वास्ते हो और वतन ये तुमसे है ।
जागरण की लौ प्रज्वलित हर युवा के दम से है।
हौसले टूटे नहीं बाधाएं कितनी भी मिले ।
ज्ञान का दीपक जलायें आंधियां कितनी चले ।
सबल हो यदि सारथी हर जन का फिर उत्थान हो।
देश का गौरव बढ़े और विश्व का कल्याण हो ।
हो नया सूरज उदय भारत समर्थ बनाना है ।
विवेकानंद सदपुरुष का प्रण हमें निभाना है ।
कोई नहीं छोटा बड़ा सब ब्रह्म की संतान हैं ।
ज्योति अद्भुत सत्य परमानंद की पहचान हैं।
युग पुरुष का हर वचन युवा वर्ग की वाणी बने।
भारतीय संस्कृति जगत की गुरु महा ज्ञानी बने।

**

37

सीमा के प्रहरी

धरती आकाश के प्रहरी तुम
किस भाषा में गुण गान करूं
अक्षर माला के मोती चुन
अर्पण कर तुम्हे प्रणाम करूं
भारतभूमि का हर कण कण
आभार समर्पित कर तुमको
हे भारत मां के वीरपुत्र
निज श्वास तुम्हे कुर्बान करूं
सिंह दहाड़ सा गर्जन कर
करो शत्रु बल का तुम मर्दन
जिस जननी के तुम गौरव हो
झुका कर शीश प्रणाम करूं।

**

38

अल्हड़ बचपन

आ चल लौटले
कुछ जीले फिर से बचपन
उस गली चलते हैं
जहां गेंद लुढ़क जाती थी
पीछे दौड़ते थे हम
अल्हड़ इक पवन की तरह।
बाग में पेड़ पर झूले
भी पड़ते होंगे
नीम के पेड़ की निम्बोली
लगती थी जहां
गोली शहद भरी
एक नियामत की तरह।
झड़ी बरसात की
लगती थी मेरे आंगन में
बारिश का पानी हो या
ताल हो या पोखर हो
नाव तैराती थी चाहत मेरी
इक ज़िद की तरह।
गुड्डे गुड़िया का घरौंदा

भी महकता होगा
कोई लौटादे बचपन की
मेरी सांसों को
जिसमे बसती थी खुशबू
सोंधी मिट्टी की तरह ।
**

39

पहली किरण

रात विदा कर आई देखो
पहली किरण नई सुबह की
तुम्हारे घर की मुंडेर पर बैठी
प्यार से तुमको जगा रही है।
दीपक जो बुझ गए रात को
समेटलो सबको फिर से तुम
नए दिया बाती गढ़ने की
नई राह तुमको दिखा रही है।
संकल्प दीप यदि रिक्त हुआ
बनो आत्म विश्वास की बाती
नई ऊर्जा भरने को आतुर
सम्हालो थाती बुला रही है।
कल जो प्रश्न निरुत्तर छोड़े
दे डालो सबके उत्तर तुम
उठ जाओ तोड़ो तंद्रा को
स्वागत बेला जगा रही है ।
पहली किरण नई सुबह की
तुम्हारे घर की मुंडेर पर बैठी
पक्षी बन उड़ान भरो तुम

मधुश्री के. (मधु श्रीवास्तव)

याद ये तुमको दिला रही है।

**

मधुश्री के. (मधु श्रीवास्तव)

याद ये तुमको दिला रही है।

**

40

भूल

भूल कभी होजाए बच्चों
उसको तुम स्वीकार करो।
क्षमा मांग कर कभी कोई
नहीं छोटा हो जाता है ।
विनम्र भाव जीवन में जिसके
वही सफलता पाता है ।
अनुभव पाठ सिखाए जो
सीख सदा वह याद करो।
गुरुजन अपने शिक्षा देते
वही काम की बातें हैं ।
जिनका जीवन अनुशासित है
वो उन्नति कर पाते हैं ।
सच्चाई की राह पर चल कर
मात पिता का नाम करो ।
भूल कभी हो जाये बच्चों
उसको तुम स्वीकार करो।

**

41

// पर्यटन //

वसुधैव कुटुंबकम का भारत में होता गान
विभिन्न धर्म परंपरा का हमको है अभिमान ।
आकाश धरा सबका है ,लहू का एक रंग
जीवन के मतभेद भूल रहते हैं सब संग।
सदियों से है विश्वबंधुत्व की मान्यता यहां
वर्ण और रंग भेद की दाल गलती नहीं यहां।
ये बापू, महावीर ,शिवा नानक का देश है
भाषाएं भिन्न हैं सभी का परिवेश एक है।
संदेश है ये विश्व को जियो और जीने दो
आवागमन चलता रहे पर्यटन न बन्द हो ।

**